Lerner SPORTS ROOKIE en español

PASIÓN POR EL FÚTBOL

MEJORES JUGADORES MASCULINOS DE FÚTBOL

Cara Krenn

ediciones Lerner ◆ Mineápolis

Dedicado a Luke

La última fecha de actualización de las estadísticas de este libro es el 1 de agosto de 2024.

Título original: *Best Men's Soccer Players*

La traducción al español fue realizada por Zab Translation.

ediciones Lerner
Una división de Lerner Publishing Group, Inc.
241 First Avenue North
Mineápolis, MN 55401, EE. UU.

Si desea averiguar acerca de niveles de lectura y para obtener más información, favor consultar este título en www.lernerbooks.com.

Fuente del texto del cuerpo principal: Mikado.
Fuente proporcionada por HVD fonts.

Library of Congress Cataloging-in-Publication Data

Names: Krenn, Cara author
Title: Mejores jugadores masculinos de fútbol / Cara Krenn.
Other titles: Best mens soccer players. Spanish
Description: Minéapolis : ediciones Lerner, 2026. | Series: Lerner sports rookie en español. Pasión por el fútbol | Includes bibliographical references and index. | Audience: Ages 5–8 | Audience: Grades K–1 | Summary: "Who are the greatest men's soccer players of all time? Young soccer fans explore male legends of the sport, including Diego Maradona and Lionel Messi. Now in Spanish!"—Provided by publisher.
Identifiers: LCCN 2025020229 (print) | LCCN 2025020230 (ebook) | ISBN 9798765690345 library binding | ISBN 9798348028329 paperback | ISBN 9798765692561 epub
Subjects: LCSH: Soccer players—Biography—Juvenile literature | LCGFT: Biographies
Classification: LCC GV942.7.A1 K7418 2026 (print) | LCC GV942.7.A1 (ebook) | DDC 796.3340922–dc23/eng/20250707

Fabricado en los Estados Unidos de América
1-1012784-54905-5/27/2025

Contenido

Los mejores jugadores de fútbol de todos los tiempos

Lionel Messi corre por el campo.
Recibe un pase perfecto.
Patea el balón hacia la red.

¡Gol!

El fútbol es el deporte más popular del mundo. Millones de personas lo juegan y lo miran.

Los mejores deportistas juegan en los equipos profesionales. También pueden jugar para el equipo nacional de su país.

EL FÚTBOL POR DENTRO

El fútbol se llama soccer en Estados Unidos.

El torneo más importante es la Copa Mundial, en la que compiten equipos de muchos países. Algunos jugadores de la Copa Mundial se destacan como los mejores de todos los tiempos.

EL FÚTBOL POR DENTRO

La primera Copa Mundial masculina se jugó en el año 1930. Se juega cada cuatro años.

Pelé ganó tres Copas Mundiales para Brasil. ¡Marcó más de 1000 goles!

Franz Beckenbauer se destacaba por su firmeza en la defensa. También hizo muchos goles. Ganó la Copa Mundial para Alemania como jugador y como entrenador.

Johan Cruyff jugaba un tipo de fútbol llamado fútbol total. Ganó muchos premios.

EL FÚTBOL POR DENTRO

El fútbol total es cuando cualquier jugador puede jugar en cualquier lugar del campo de juego.

Diego Maradona podía correr con rapidez y driblar el balón. Jugó en cuatro Copas del Mundo con Argentina.

Maradona hizo el Gol del Siglo. Algunas personas creen que es el mejor gol de todos los tiempos.

Diego Maradona

Cristiano Ronaldo es uno de los jugadores más famosos del mundo. Juega de delantero. Ha marcado 132 goles para Portugal.

Lionel Messi ganó ocho veces el premio al mejor jugador del mundo. Fue líder del equipo nacional argentino que ganó la Copa Mundial de 2022.

Es emocionante mirar a los mejores jugadores de fútbol. ¿Quién crees que será el próximo mejor jugador masculino de todos los tiempos?

Glosario

defensa: una posición que evita que el otro equipo haga gol

delantero: una posición en la que se hacen la mayoría de los goles

driblar: mover el balón con los pies

Màs información

Krenn, Cara. *Mejores jugadoras femeninas de fútbol*. Mineápolis: ediciones Lerner, 2026.

Ludlow, Roberta. *Lionel Messi: A Little Golden Book Biography*. Nueva York: Golden Books, 2024.

Wagner, Zelda. *Soccer Superstars*. Mineápolis: Lerner Publications, 2025.

Índice

Créditos por las fotografías

Créditos de las imágenes: AP Photo/Marta Lavandier, p. 5; AP Photo/Frank Hoermann/SVEN SIMON/picture-alliance/dpa, p. 7; AP Photo/Jonathan Huff/CSM, p. 9; Focus On Sport/Getty Images, p. 11; AP Photo/Werek/picture-alliance/dpa, p. 13; PA Images/Alamy, p. 15; Aflo Co. Ltd./Alamy, p. 17; AP Photo/Andrzej Iwanczuk/NurPhoto, p. 19; AP Photo/Bagu Blanco/PRESSINPHOTO/Sipa USA, p. 21; MesquitaFMS/Getty Images, p. 23 Design elements: vid64/Getty Images; boytaro Thongbun/500px/Getty Images. Portada: Florencia Tan Jun/PxImages/Alamy.